JN440281

뫼비우스 자서전

장재원 시집

문학의전당 시인선
0286

뫼비우스 자서전

장재원 시집

문학의전당

시인의 말

나무가 좋다.
땅에 뿌리를 둔 리얼리스트라서.
동시에 하늘을 꿈꾸는 로맨티스트라서.
만약 나무가 말을 한다면
거짓말이 아닌 거짓말 같은 기교는
잘 부릴 줄 모르리.
날것의 향기,
투명한 모습,
단순한 춤,
그 자체만으로도 한 그루
시!
대지, 바람, 사계, 빗방울, 햇빛, 달빛, 별빛,
온 우주만물과 하나인 나무
친구로 살고 싶다.
나중에 한 그루 나무가 되리.

2018년 여름, 아산 설화산 아래 청솔마을에서
장재원

차례

제2부

제3부

제4부

제1부

뫼비우스 자서전

수만 단어로 쓰인 한 저자의 자서전 속엔
단 한 번의 희미한 단어로만 실재하는
익명의 또 다른 저자들이 있다.
행인, 구경꾼, 택배원, 탈북인, 이방인, 지인……

선별되고 조탁된 단어들로 숲을 이룬 책 속에서
그들이 세상 밖으로 살아나온다면
평행 우주 속 모두가 주인공인 별들
세상이라는 책 행간 속에
영원히 무명인으로 묻혀 있어야 할
하나하나가 휘황찬란한 파란만장들이다.

두꺼운 책 장정의 꿰매고 풀칠한 이음매도 없고
숨겨진 행간과 드러난 언표가 서로 연결되어
전체가 하나이며 하나가 전체인
무한히 둥글고 투명한 자서전들이 어딘가에 있다면
그 끝도 없이 이어지는 또 다른 저자들의
만다라 같은 산전수전을 들여다보고 싶다.

생각의 뒤편

왼손 가운뎃손가락 끝마디 안쪽에
밤송이 잔가시가 부러진 채 박혔다
뽑아낼 수 없어서 친구 삼았다
자주 모르고 물건을 집을 때마다 따끔거려 불편했지만
그때마다 성가신 불청객이 쑤셔대는 생각을
볼 수 있어서 불행 중 다행이었다

적과의 동침이 주효했던가
과연 며칠 지나니
그동안 가짜 주인 행세했던 한 올 미늘이 된 생각을
본래 주인인 뒤편 신령한 생명이
순수한 한 방울 핏빛 시간을 흘려보내 삼켜버렸다
마치 원생생물인 아메바가
식포를 만들어 침입한 적을 해치우듯

얇은 지문 아래 투명하게 내비치는
비목어(比目魚)의 외눈처럼
생각의 뒤편에서 솟아난 자각의 눈!

적을 끌어안고 장렬히 눈감은 뒤
상여 나간 자리에
존재의 꽃인 새살이
갓 태어난 아기 얼굴로 새근대고 있다

잠시 잠깐

저물녘 산속 숲 터널에서 햇빛 펼쳐진 곳으로 나와 주위가 일순 환해질 때 저만치 잠시 편편해진 오솔길 한가운데의 잔광 속에서, 스스로 빛이 되어 가만히 숨 고르고 있는 숲속 은둔자와의 느닷없는 조우. 신비를 숨긴 채 빛과 어둠이 교차하는 오래된 숲의 한 극점에서

저도 가을을 탄다는 걸까.

부드러운 회갈색 몸통을 옆으로 향한 채 앞발을 허공에 걸어두고, 긴 귀를 쫑긋 세워 마치 까마득한 시절 떠나온 에덴동산의 개울물 소리라도 듣는 듯

거의 동시, 생각의 사슬에서 풀려져 나와 그 숲속 주인의 몸 안에 빛나고 있는 억년 세월의 별빛에 사로잡혀 길을 잃었다. 찰나인 듯, 영원인 듯 시원에서 시원으로 이어지는 그 늘 속 광휘가 하염없었다.

이윽고 되돌아온 뇌리에서 보낸 이해하지 못한 내 몸짓 시늉에 놀란 눈빛은 조금 더 아래로 내려가, 다시 한 번 똑같은 자세로 앉았다가 이내 잡목 수풀 속으로 사라져 갔다.

아주 오래전 사자와 양이 함께 어울려 놀았던,

최초의 한 인간이 잃어버렸던,

산란하는 빛살 속에서 산토끼가 깡총대며 프리즘 빛 같은 마지막 여운을 남기고 사라진

그 환했던 그늘

아주 잠시 잠깐.

아니마를 위한 아니무스의 변명

평화로운 겉모습 뒤로 평생 두 개의 구멍을 파고 살아요. 한 개는 숨을 곳, 또 한 개는 토낄 곳. 푸른 초장에 대한 믿음도 구원해주지 못한 생의 근원적 두려움과 불안은 이번 생의 타고난 구멍인가 봐요. 칼날 이빨과 가시 발톱이 없는 두루뭉술한 털실 뭉치 같은 초식주의자에게 위험이 닥치면 재빨리 짧은 앞다리로 갈지자를 그리며 산비탈 위로 토껴 저만의 구멍 속으로 숨는 것 외 무슨 뾰족한 공격술이 있겠어요? 비폭력주의는 살아남기 위한 태생적 한계의 고육책이에요. 평생의 전술전략은 위장된 평화, 은자적 신비주의, 뒷구멍 파기, 종족 수 불리기예요. 태어나면서부터 기형적으로 긴 팔랑귀로 바스락하는 나뭇잎 하나의 소리에도 여윈 잠을 깨는 소심한 겁쟁이예요. 늘 붉게 충혈된 제 눈을 보아주세요. 다음 생엔 감각을 버린 나무나 바위로 환생할 거예요. 언젠가 우악스런 수리부엉이의 발톱에 찍힌 채 팔딱거리는 내 가여운 심장 위로 죽음의 전율이 일고, 승자의 호의로 잠깐 죽음이 유예된 순간, 그 게임 같은 상호 휴전과 완전한 항복*의 최후 몇 초간, 스르르 눈을 감고 모든 것을 포기할 때, 그때나 비로소 도망자의 안식이 올까요? 평생 갇혔던 토끼의 구멍에서 빠져나와 하늘나라 푸른 초장에서 마음껏 뛰어놀 수 있을까요?

---

* 에드워드 애비, 『태양이 머무는 곳, 아치스』에서 인용.

단칼

산에 오르는데
물기처럼 여린 비명이 풀잎을 타고 흘렀다
소리의 근원은 소롯길 풀섶
가늘고 길쭉한 줄 같은 것이 기이하고 낯선 형상으로
길가로 머리를 뻗친 채 정지해 있었다
얄궂은 운명은 정해진 때와 장소가 없어서
제 길을 잃은 삶과 죽음이 한 뭉텅이가 되어
비명을 지르고 있었다

부화되어 겨우 어른 손바닥 길이 남짓 자란 유혈목이
처음으로 아가리를 벌려 삼킨 것이
하필이면 이제 막 올챙이 꼬리를 떼고 풀잎에 올랐던
밤톨만 한 청개구리라니!
미숙한 어린 뱀은 다리부터 삼킨 청개구리를
한입에 삼키지 못하고,
서툰 아가리 밖으로 머리가 비어져 나온 청개구리는
유예된 죽음의 공포만 속절없이 삐악대고……

때 이르게 눈먼 죽음을 만난 무구한 청개구리와
제 사는 법에 먼저 눈떴어야 할 눈먼 뱀이
약속도 없이 마주친 인연의 길에서
해탈을 막는 윤회의 가시에 걸려 컥컥대고 있다

정해진 때와 장소를 모르고
타짜 검객인지 아닌지도 모르겠는
너, 죽음아,
그날 부디 바라기는
시퍼렇게 벼린 칼 높이 들어
단칼에 이 목 떨구어 주기를

하느님의 새끼손가락

아장걸음 딸을 데리고
아파트 놀이터에 내려왔다가
잊고 나온 게 있어
빨리 올라갔다 오마고 돌아설 때
아직 고층 하늘을 헤아릴 줄 모르는
어린 마음은
꼬~옥, 꼭…… 빨리 와야 돼?
기어이 새끼손가락 다짐을 받고야 놓아줍니다

그러~엄, 그러~엄, 오고말고!
영원의 눈길은 언제나 너를 담고 있는데
눈 못 뜬 초이레 강아지 같은 내 딸
어찌 한순간인들 고아처럼 버려둘 수 있겠니?

거리(距離)에 대한 단상

1

등산로 입구 길가
담장 없는 집 마당 안쪽 저만치
황구, 백구가 제 집에 묶여 있다
개들도 충청도 개들이라 그런지
사람이 지나가도 짖지 않는다
꼬리도 치지 않는다
언제나 무덤덤하게 지켜보며 서 있다

그렇게 두 계절이 지나고 어느 날
폭설 뒤덮인 설화산에서
속세 구경 나온 산신령의 맘으로 하산하다가
문득 장난기가 발동하여
개들이 있는 쪽으로 한 걸음 다가가
눈싸움을 걸었다

그러나 좀체 말려들지 않았다
'야, 여기 좀 봐봐' 말을 건네고

양손의 지팡이를 마주쳐 신호를 보내도
박새들 소리 뒤끓는 집 뒤 배나무 밭으로
얼굴을 향한 채
눈알만 한번 이쪽으로 굴린 뒤 계속 딴전이다
새들이 날아간 뒤에도
끝내 무안한 눈 맞춰주지 않았다
'거 참, 이상한 녀석들이네'
투덜대며 발길을 돌렸다

2
대도시 목욕탕에 가서 홀딱 벗고
좁은 온탕 속에 들어갈 때 괜히 부끄러웠다
비록 흠 없는 몸이지만
닿을 듯 가까운 거리,
먼저 자리 잡고 있는 사람들의 호기심 어린 시선에
똑바로 눈 맞출 수 없었다
몸을 담근 뒤 벽에 붙은
'몰래카메라 없다'는 코믹 만화 포스터에만

얼굴을 향한 채 짐짓 딴전 부렸다

아하, 순한 시골 개 황구, 백구 녀석도
갑자기 가까워진 거리가 괜히 부끄러웠던 것이구나
너무 가까워 오히려 가까워질 수 없었던
그날 너희와 나의 거리

짖지 않고 꼬리도 치지 않는,
언제나 덤덤한 현존 대 현존으로
지구와 태양처럼
적당한 거리에서 깊어졌던
그간 우리의 관계

뜨뜻한 물속에 머리만 내놓고 누워
혼자만의 선문답으로 히죽히죽 웃을 때
거 참, 이상한 사람이라는 듯
핼끔 쳐다보며 하나, 둘 탕 속을 나가
민망한 시간 속으로 다시 편안한 거리가 벌어졌다

진경마당도

평화로운 외암민속마을 여름 오후
시원한 고택 한쪽 땡볕 마당 위에
몸뚱이가 그대로 붓인 화가가
오체투지하여
꼬물꼬물한 잔금 같은 고랑과 이랑으로
오묘한 기하학적 그림을 그려놓았다

개구쟁이의 낙서처럼,
혹은 고뇌하는 뉴런처럼
눈에 띄지 않던 미물의 시간이
보란 듯
흙 위에 살아있는 흔적으로 남겨놓은

진경 중의 진경 한 컷!

무지개 2

는　현충사 연못 돌 구름다리　아
지　　　닿을 수 없는 눈부신　　　래
풍　　에　　　게 펼쳐졌다 사　　　황　　에
단　　끝　　답　　　　　　　　　　　라　　홀　　서
손　　름　　　　　　　　　　　　　지　　함
아　　　　　　　　　　　　　　　듯

짧은 순간 수면 위로
오색 빛깔 알몸들을
분수처럼 솟구쳐 보이고
철버덩,
도로 물속으로 떨어진
한 무더기 지느러미들 소리!

팔뚝만 한 것에서부터
손가락만 한 것까지
수백 마리 비단잉어 떼

무지개 3

겨울 갈대숲에는 날마다 무지개가 뜬다
언 땅 사이로
졸졸졸 소리 내며 흐르는 개울물처럼
살아 움직이는 탁구공만 한 털 뭉치들이
갈대 사이를 분주히 오르내리며 그려내는
동요 악보 같은 무지개

돌배기 아가 손에 들린 딸랑이 같은
작은 붉은머리오목눈이들이
오선지 위의 수많은 선율이 되어
갈대 사이를 숨바꼭질하며 그려내는
겨울 무지개

만지면 부서질 것 같은
저 까만 눈의 도근대는 숨결들을
경이의 손으로 가만히 쥐어보면
무지개 문이 열릴까
모든 말을 넘어서는 그 가없는 무지개 세상!

겨우내 하느님의 패물 같은 붉은머리오목눈이들이
물결처럼 오르내리며 그려내는
살아 움직이는 무지개로
겨울 갈대숲은 이미 봄이다

뮤즈*에게

당신 엄청나게 그리워서
내 마음속 허기진 점방 앞에
노상 풍선인형 하나 세워놓았었소

흐드러진 복사꽃 휘날리는 봄밤
고대하던 당신의 부드러운 손길이
달래듯 팽팽한 내 몸을 어루만질 때
하악! 하악!
못 이겨 터져 나온 詩로 꿈결 밖이 환했소

---

*시의 여신.

불후의 시

詩의 詩 자도 모르는 한 농부가
날이 풀리자
얼었던 묵정밭을 갈아엎고
밭고랑과 이랑으로 운을 맞춘 다음
햇빛과 바람의 은유와 상징으로
씨앗을 심어놓았다

봄볕 환한 새 아침
온 세상을 품은
천의무봉한

눈부신 詩 한 뙈기!

사람주나무*에게 묻다

설화산 중턱 산비탈에
모진 태풍으로 뿌리 뽑혀 거꾸로 처박힌
사람주나무 한 그루

○○○○병원 중환자실에
뇌졸중으로 쓰러져 누워 있던
나무 사람 한 그루

그 나무,
그대로 잎들이 말라버려 모두가 죽었다고 생각했는데
다시 봄이 되자
바위틈 속에 가까스로 끄트머리만 묻혀 있던
산소 호스 같은 뿌리로
신생의 잎들을 피워 올렸다

그 사람,
깨어날 가망 없다는 의사 말에
아기 때부터 큰 집에서 데려다 키운 양아들이

한 달 만에 뿌리 뽑아내
다시 신령한 봄맞이하지 못했다

"나는 생명이야, 영원한 생명이야……"**
한 실화소설 속 여주인공은
나무로부터 이 말을 듣고 미소 지으며 죽어갔다는데

'사랑한다 나무야, 사랑한다 나무야.'
말 들려주면 더 잘 자란다고 하는
한 그루 화초 나무로 누워
"나는 생명이야, 영원한 생명이야……"라고
말하고 계셨던 것은 아니었을까?

생각 뒤편의 신령한 언어인 듯,
잎과 가지에 스쳤던 마지막 그 미소한 떨림,
작은아버지…….

---

*사람주나무: 숲속에 흔한 높이 6m의 밝은 회백색 낙엽소교목.
**빅터 프랭클, 『죽음의 수용소』에서 인용.

강자(强者)

어제는 전철역 계단에 엎드려 손 내밀던,
모금 바구니를 놓고 노래를 부르던
풀꽃, 별꽃과도 같은 눈빛들을
요리조리 피해 왔다

오늘은 마침 비도 개어서 설렁설렁
외암민속마을 고택 연못가에 섰더니
한 떼의 비단잉어 무리가 몰려와 입을 뻐끔거린다
신기해하며 쪼그려 앉았는데

아차,
수면 물풀 사이로 유난히 고개를 빠끔히 쳐들고
나를 빤히 쳐다보는 영원 속 한 하늘과
그만 깊게 눈 마주치고 말았다

순간, 무안해진 빈손이여!
찔린 뱃속이여!
부끄러운 꼬리지느러미여!

제2부

거대한 팽이

둘레 사만 킬로미터의 오색무늬 팽이가
초속 삼십 킬로미터의 속도로
폭풍과 뇌우, 해일과 불꽃을 튀기며
천체가 내는 굉음 속에서 팽글팽글 돌고 있다

백삼십칠억 년 전 한 신묘한 아이가
마법 팽이채로 힘껏 후려쳐
한쪽으로 기우뚱해진 채
바닥 없는 공중 얼음판에 꽂혀서

불칼에 대한 명상

> 그 불타는 劍은 나의 속눈썹을 자르고 고통스러운 눈을 파헤치는 것이었다…… 나는 땀과 태양을 떨쳐버렸다. 한낮의 균형과 내가 행복을 느끼고 있던 바닷가의 특이한 침묵을 파괴해버린 것을 느꼈다.
>
> —까뮈, 『이방인』 중에서

지구는 불로 망할 거라고 어떤 과학자는 말했다. 빙하라고, 대홍수라고 또 다른 과학자들은 말했다. 차량들이 주차해 있는 골목길을 요리조리 잘도 빠져나가는 택시 안에서 취한 친구 녀석은 차로 망할 거라고 낄낄거렸다.

서력 오십억 년, 아프리카에서 치솟기 시작한 화염은 인간들이 탈출한 혹성을 통닭처럼 구웠다. 남아 있던 활엽수림은 화르르, 화르르 불쏘시개가 되었다. 겨우 살아남았던 땅거죽 아래 생물들의 시신경들이란 시신경은 모조리 감전되어 불꽃을 튀겼다. 미물들의 모세혈관들이란 모세혈관들도 죄다 검붉은 피를 줄줄 흘렸다. 진화에 진화를 거듭해 중력을 떨치고 빛을 가로질러 태양계를 떠난 지구인들 뒤로 끓는 바다! 갈라지는 땅! 거대한 용광로로 변한 대기에서 증발하는 구름 주인들! 마침내 지글거리며 제 몸을 태우던 적색 거성이 사랑하는 일곱 식솔들까지 화염으로 뒤덮으며 거꾸러지자 찢겨진 행성 속에서 태어난 적 없는 화석들이 토해져 나왔다. 그리곤 한낮의 균형과 행복한 바닷가의 침묵이 없는 숯덩이의 새 하늘 새 땅이 열렸다. 고무줄 같은 우주가 기나긴 팽창과 수축을 마친 뒤 다음 빅뱅이 올 때까지…….

시뻘건 쇳물이 뚝 뚝 듣는 불칼에 베인 한 북극인이 백일몽에서 깨어나 땀을 뻘뻘 흘린다.

우연 혹은 필연

내가 잡은 택시 기사가 가스충전소에서 커피를 마시고
1분 빨리 또는 늦게 출발했다면,
그 택시가 좌회전하지 않고 그냥 직진했다면,
다른 경쟁 택시가 추월해왔다면,
내가 서 있는 건너편으로 우회전한 그 차가
간발의 차로 다른 택시에게 코앞 손님을 뺏기지 않았다면,
내가 카페에서 1분 빨리 또는 늦게 나왔다면,
잡지 못했을
그 택시!

아주 오래전에, 조금 늦거나 또는 빨라
내게 귀인으로 온 그를 만날 수 없었다면,
그래서 그 도시에 가지 못했다면,
거기서 한 여인을 만나지 못했다면,
말을 걸지 않았다면
남남이었을 아내!
태어나지 못했을 내 아이들!

어떤 심리학자가
개체인 동시에 전체인 자연 속에서 일어나는
비인과적인 연결 원리라고 한,
또는 어떤 선사가
눈이 내릴 때,
모든 눈송이가 저마다 정확히 자기 자리에 내린다고 한
그 절묘한 우연?
혹은 필연?

우주, 몸 풀다

여섯 쌍둥이를 가진 막대 모양의 엄마별이
호기심 많은 아이의 책장 위에서
점점 몸이 말라비틀어지다가
모두 잠든 한밤중
마침내 외마디 비명 소리와 함께
반짝거리는 아기별들을 방바닥에 흩트려놓았다

백색 왜성 형광등 불빛 아래
찢겨진 초신성, 갈색 등나무 꼬투리에서 튀어나온
씨앗들이
우주의 신성처럼 빛난다

여름, 몸 풀다

제 속에 은하를 가진 초록별이
다시 일 년을 돌아 초신성처럼
자식들을 온 산 녹음 속에 토해놓았다

지글대는 한여름 땡볕 아래
탄생을 위한 무덤이자
죽음을 위한 무덤인
어미 뱃속에서
부활하는 광란의 순간*

우화등선(羽化登蟬)한 신생의 꿈들이
폭죽으로 쏘아 올리는
지구의 풍물놀이에
하늘의 별들도 어깨를 들썩거린다

---

*로렌 아이슬리, 『그 모든 낯선 시간들』에서 인용.

어느 자연주의자의 고백

신이여,
우연이 아니라면
왜 먼지보다도 작은 지구를 위해
무한한 불모의 우주가 필요했습니까?
그 우주마저도 단지
당신과 내 안에 하나로 있는 의식의
구둣점에 불과한 때문인가요?
왜 인간에 이르도록 37억 년간의
무수한 생명의 진화가 필요했습니까?
정녕 당신이 사랑하시는 숨 쉬는 별은 지구뿐인가요?
언제까지나 성가신 빅뱅과 수축을 영원히 반복하시렵니까?

'나의 생각은 너의 생각이 아니다.
너의 방식은 나의 방식이 아니다. 나는 선을 만들었다.
나는 악을 창조했다. 나, 주는, 이 모든 일을 한다.'*

그러나 오늘도 여전히
천년이 하루 같고

하루가 천년 같은[**] 당신의 시계는
나의 이해 범주 너머 까마득 캄캄한 우주에 걸려 있습니다

제발 이제는
그냥 숭배하게 해주소서
마야인처럼
그 알려지지 않은 영을
시간을 낳는 신들의 행렬을[***]
정녕, 신비가 없었다면
인간은 이미 오래전 멸망했을 터이므로…….

---

* 구약성경 이사야서.
** 신약성경 베드로II서 3,8.
*** 로렌 아이슬리, 『그 모든 낯선 시간들』.

불타는 가시덤불

아지랑이 타오르는 봄날
당신 말씀의 들판에 서면
불타는 가시덤불에
일렁이는 불꽃*

스스로
타오르며
꺼지지 않는

가시는 태우되
덤불은 태우지 않는
신령한 고통을 본다

나를 삼키는 불꽃
그러나 내 속에 타들어가
나를 고양시키는 불꽃

은혜로운 화창한 봄날

당신 사랑의 들판에 서면
불타는 가시덤불
하늘의 심장에서 번져 나온다
온 우주에 소생의 불꽃 일렁인다

---

* 구약성서 출애굽기 3장 1–12.

종이배와 주인

나는 종이배
당신은 주인

당신은 나를 여울에 띄웁니다
나는 용감하게 흘러갑니다
그러나 나는 자주 깊으나 낮으나 급한 여울이나
가장자리에서만 맴돕니다

만일 당신이 아니 오시면
나는 바람에 찢겨지고 눈비에 젖어
밤에서 낮까지
오그라든 채 한 곳에 걸려 있습니다

그때마다 당신은 나를 건져내어
따스한 숨으로 말리고 기름을 먹여서
다시 배 띄워 주십니다
그러니 당신이 언제든지 뒤에서
눈부처 해주실 줄만은 알아요

나는 비록 보이지는 않지만
당신의 현존 안에서
날마다 날마다 나아갑니다

나는 종이배
당신은 주인

---

*한용운 시인, 「나룻배와 행인」에서 빌림.

초신성

말[言]도 늙었다

손으로 감싸 안은 심장

불 꺼진 달동네 단칸방

홀로 식어 가는 불씨 한 점

사랑이여……

순간, 조용하던 우주가 잠시 반짝 빛을 발한다

발명가

우주의 쇠똥 더미에서
수수팥떡 경단 같은 별을 빚어
아득한 은하수 길로 밀고 가는
쇠똥구리

백사십억 살 잡수신 장인(匠人) 중의 장인
오늘도 쇠똥 냄새 풍기는
미리내 방목장에서
조물조물…….

눈의 물꼬가 트일 때

못자리의 연두색 어린 모의 맘으로
집을 나섰습니다
눈물 같은 빵 몇 개쯤도
가슴에 품고들 있었습니다
메시아가 왔다는 소문을 듣고
갈릴래아 궁벽진 시골길 나설 때
그만한 깜냥들은 있었지요

그러나 이른 길 나섰던 허기진 양떼
어느덧 해 기울어 쪼르륵,
배에서 눈물 빠지는 소리 들려도
입맛만 다시며 쭈뼛쭈뼛 서로 눈치만 볼 뿐……

없는 소리와 숨은 생각도 알아채시는 예수,
모르는 척 제자들에게 먹을 것을 주라 해도
대책 없는 제자들은 난감하기만 할 뿐……

바로 그때

막혔던 논의 물꼬를 트듯
주저 없이 품었던 빵을 내놓은 사람은
한 어린이였습니다
빵 다섯 개와 물고기 두 마리

예수께서 축복하고 나누어 주시자
윗논에서 아랫논, 옆 논으로 물길 나듯
사람들 사이에서 빵과 물고기가 노래처럼 흘러 나와
오천 명이 넘는 군중이 먹고도 열두 광주리나 남았답니다

토마*의 산

때로 때때로, 처음 주님을 따랐던 젊은 시절 토마 사도 당신처럼, 안 보고도 믿는 행복한 시절이 못 되었었습니다. 어느덧 거친 숨결 편안히 고르는 법을 배우는 나날들의 이순(耳順) 고개, 오래 궁구해 온 것이 어느 날 문득 詩가 되듯 오늘은 용봉산**에서 사물들의 배후를 느꼈습니다. 꽃, 나무, 새, 하늘, 눈앞에 보이는 실재들 너머 보이지 않는 뒤편. 용(龍), 봉(鳳), 눈앞에 볼 수 없는 실재들 너머 보이는 뒤편. 너와 나, 해, 달, 별들의 뒤편.

이제 신비로운 상징 안에서 꽃은 피고 새들은 저들만의 아름다운 모음으로 노래함을 봅니다. '내기에서 이기면 전부를 얻고 져도 잃을 것이 없다'***는 이상의 배후, '리얼리스트가 아닌 시인은 죽은 시인이지만 리얼리스트에 불과한 시인 또한 죽은 시인이다'****라는 시의 배후, 무엇보다도 '사랑해요, 아빠!' 딸의 포옹에 일순 목이 메었던 보이지 않는 사랑의 배후에 대하여

부활하신 주님의 상처를 직접 보고 만져본 복된 당신과 같

을 수는 없었기에 이때껏 표상하는 것들의 보편된 진실을 모르고 피상이라는 먼 길을 걸어왔습니다. 이제 조금은 기다릴 수도 있을 것 같습니다. 존재이며 비존재인, 선재(先在)한 실재, 그 숨은 배후를, 볼 수 없는 새, 봉황을…….

---

* 예수의 열두 사도 중 하나.
** 남한의 금강산이라고도 일컬어지는 충남 홍성 소재의 산.
*** 파스칼.
**** 파블로 네루다.

말랑말랑한 독

간밤 첫 서리에 퇴출된 낙엽들이
길가 배수구 위로 마구 떨어져 쌓인 간석 오거리
다섯 마리 긴 뱀의 대가리가 한 곳에서 얽히고설킨 가운데
두 운전자가 네가 비키라며 차에서 내려 드잡이하고 있다
잔뜩 발기된 다른 독들은 사방에서 짖어대고
땡감처럼 딱딱해진 독기는 기어이 발목을 묶는 사슬이 되고 말았다

동시, 내 빈 조수석 쪽 차도 옆 보도에서는
아직 사슬을 모르는 어린 강아지 두 마리가
치킨 조각을 사이에 두고 재밌게 가댁질하고 있다
투명을 통과한 햇빛이 눈부신 평화 백신을 접종한 화사한 아침
놀이하듯 말랑말랑한 독을 물고
잽싸게 도망가던 놈이 획 유턴도 하고,
뒤쫓던 놈은 잠시 딴전도 부리고,
다시 물고 물리다가 어느 놈인지 모를 목구멍으로
꿀꺽 골인되었다

어쩔 수 없이 임시 자동차전용극장의 관객이 되어
멀뚱히 지켜보던 내 안의 딱딱한 독들도
주연보다 나은 천진한 조연들의 막간 연기로
조금은 말랑해진 월요일 아침이다

괄호 안을 엿보다

서막이 열리며 어둠 속 휘황찬란한 조명 아래 메인 카메라가 서른 돌 맞은 대학교 아름다운 캠퍼스를 두루두루 애무해 준다 (그러나 간헐적으로 비바람 몰아쳤던 대운동장 뒷자리의 어수선함은 보이지 않는다) 웅장하고 화려한 무대 위에 짧은 치마의 무희들이 등장한다 (세찬 바람에 날려 퇴장한 마릴린 먼로의 치마들은 없다) 연이어 아나운서가 새로운 가수를 소개할 때마다 우레와 같은 박수가 터진다 (천막 설치와 미끄러운 바닥 청소로 토막 난 시간이 없어지고, 머리카락이 마구 날렸던 사회자는 끝내 단정하다) 드디어 절정의 열기를 타고 등장한 아이돌 가수에 오빠부대 자지러진다 (그쳤다 다시 쏟아지는 비에 젖어 술렁대는 관중에게 사정했던 초조한 피디의 얼굴은 어디에서도 볼 수 없다) 어느덧 피날레의 공감 세레머니로 일사불란하게 저어대는 야광봉들 끝에서 청사에 길이 남을 국민가수의 광휘가 별처럼 빛난다 (똥개 훈련시키듯 거듭된 비로 기진맥진했던 스텝들은 그림자조차 없다) 드디어 어린 양들의 기쁨과 소망과 사랑을 위하여 신화처럼 아름다운, 한 편의 감동 교양 프로그램이 완성되었다 (오점 하나 보이지 않는)

제3부

여름날

천정에 이만 개의 LED형광등이 켜져
그늘조차 환한

온갖 살아있는 소리들이 탱탱한
한여름 푸름 속에
솜털구름 성긴 하늘 그물 사이로
태양이 풀어놓은 평화 백신을
산들바람이 솔솔 부채질하여
노는 아이들의 맑은 공명통을 울리고

쉬는 그늘은 새잎들을 풀어놓고
지느러미들은 자기들 우주에서 유유히 유영할 때
어느덧 나도 나를 풀어놓아
마음껏 헐렁하고 가벼워진다

이 무한 현존 순간!

문 열리다

한 우주가 폭발하며
순간이 피워낸 얼굴이 꽃이라고,
투명한 유리문 밖의 꽃과
꽃이 되어 그 꽃을 바라보는 안의 꽃은
순간이 자각한 제 얼굴이라고

아무도 읽어주지 않는 색바랜 책의 부록 같은
홀몸 노인의 베란다
큰 화분들 틈에 가려져 있던
작은 화분 위 선분홍 게발선인장꽃이 활짝 피었다

있는 듯, 없는 듯
보이는 듯, 마는 듯

이리도 신령한 화원의 문을 열고
저리도 곱게 고요히
죽음보다 강한 번갯불로 솟아나
쇠리쇠리한 오후의 햇빛 드리우는 아파트 거실에

홀연, 생생한 피를 펌프질해 주고 있는 꽃

순간의 무구함이 깨운 잊혔던 제 얼이다
문 저편 얼굴이 열심히 게워낸 것이 꽃이듯
꽃핀 얼굴은 세상을 향한 애틋한 문 열림이다
문 닫힌 외로움이 꽃으로 피어난다
꽃들로 환한 문 안팎 세상이다

오래 너를 잃고

편마모된 세월의 바퀴로
수많은 미늘 같은 세상 길 질주하는 동안
오래 물기 잃은 불임의 나날들

시간에 멱살 잡혔다 겨우 풀려난 휴일에도
멀어져간 너는 좀체 되돌아오지 않고
꿈마저 자주 덜컹거리게 하는 헛헛증만이
소파 위에서 꾸벅꾸벅 존다

어둔 밤 환한 갑판의 조명등에 낚이는
바닷속 오징어처럼
보이지 않는 어제와 내일이 자웅동체임을 잊고
오로지 오늘의 낚싯밥에만 코 꿰어
경이의 빛으로만 만날 수 있는 너를
만나지 못하게 하는
관성이 된 타성이 슬프다

너 없는 행복은 행복만도 아니고

네가 있으면 불행도 견딜 만한
역설 같은 시인의 운명
오라, 그리운 그대 뮤즈여!

곡교천 잉어

현충사 앞 곡교천에서 한 낚시꾼이
어른 팔뚝만 한 월척을 낚아 올렸어
이 충무공의 얼이 배산임수로 흘러드는 물속에서
종횡무진 활개 쳤던 그 왕잉어
잡혀서 분한 몸부림이
가둬놓은 물속 어망을 끌고 나갈 만큼 격렬했어
갈무리 급해진 낚시꾼은
안전하게 두 손으로 안아 잡아 올려
뚝방 밭고랑에 내려놓았지

그런데 어라,
조금 전까지만 해도 그 기세가 필사즉생이던 비단잉어
이제는 희안하게도
대장군의 황금 갑옷미늘 같은 비늘을 햇빛 아래 떨치며
미동도 없이
부동의 물속 수평 자세 그대로
뻐끔뻐끔 경만 외우고 있잖아!

그래서 물었지
설화산 빛나고 현충사 어리는
아산 곡교천의 장군 잉어야,
너도 이 충무공을 닮은겨?

천로역정

한 가늘고 긴 생이
대지의 물기를 말리며 지나간
한낮의 땡볕에 대해
길게 늘인 고개를 저으며
저무는 들길을 꿈틀꿈틀 기어간다

헛둘, 헛둘,
휠체어도 탈 수 없는
천한 몸뚱어리를 줄자 삼아
시난고난 땅바닥을 재며 가는
굼뜬 귀갓길

그 눈멀고 귀먹은 삼보일배 오체투지 위로
하늘은
황금빛 홑이불을 펼쳐 내리고
어두워지는 길가 풀잎들도 함께 사운대고
먼 산도 몸을 숙일 때

평생 흉물스런 꿈틀거림만의 반복뿐인
긴 미물의 하루를 가로질러
드디어 어둠만이 안식처인 골방으로
부끄러운 꼬리를 감추는
빨건 벌거숭이 지렁이 한 마리

어느 다행한 여름날

갈산리 앞 편도 1차선 도로

앞의 앞에서 가던 긴 트럭이 좌회전하는 찰나,

길 오른쪽에 나타난 낭패한 표정의 한 늙은 구름을 보는 찰나,

그 구름 그림자를 스친 찰나,

바로 앞서 가는 1톤 트럭이
길 가운데 떨어진 구름 모자를 딸깍,
무심히 밟고 지나간 찰나,

순간,
생각과 손의 전광석화로
길에 뛰어든 개구리 한 마리를 휙 피해간 찰나,

살아있네!

천상의 속도*가 지상의 속도를 한번 쓰다듬어주는
어느 다행한 여름날

---

*18세기 스웨덴의 최고 과학자이며 영계 여행가였던 스베덴보리에 의하면 영계에서의 속도는 생각하는 순간에 바로 거기에 가 있는 광속보다 빠른 속도라고 한다. 또한 임사 체험을 한 미국의 저명한 신경외과 전문의 이븐 알렉산더에 의하면 영계에선 하나의 질문이 떠오르면 마치 바로 옆에서 꽃이 움트듯이 그 답도 동시에 떠오른다고 한다.

복된 순간 2

허리께를 지나며 골짜기 깊숙이 숨겨져 있는 천도복숭아로 입에 침이 고일 때,

숲으로 들어갈수록 더욱 짙어오는 향기에 취한 몸이 통과의례의 번거로움도 즐거이 인내할 때,

부단한 애무로 마침내 그네도 못 이기는 척 처녀림 깊은 속 제 알몸까지 허락할 때,

쌍동 산봉우리 근처에서 숨소리 마구마구 거칠어질 때,

흐벅진 둔덕을 더듬어 내려와 골짜기 무성한 숲속 샘에 다다랐을 때,

구갈 든 몸이 감로수 같은 샘물을 벌컥벌컥 들이켤 때,

아, 구슬땀 밴 몸으로 나눈 산과 나의 진여(眞如)가 우주에 충만할 때…….

선물

먼 데서 홀로살이하는 아빠를 찾아온
열아홉 소중한 크리스마스 선물이
그만 돌아갈 열차 시각을 놓쳐
플랫폼에 숨이 턱에 차도록 뛰어오니

세상으로 선물 보내주는 역무 산타가
막 출발하던 긴 썰매를 멈추게 하여
가까스로 그 소녀를 태워 주었다

순간, 뒤쫓아 왔던 반백의 아빠도
안도하며
옛 아내의 집으로 향하는 애틋한 선물을
그리운 눈에 담고
오래 손 흔들 때
가로수들도 글썽거리며 고운 꽃등을 내걸었다

선물 2

형들보다 잘난 죄로,
아버지의 사랑을 독차지한 죄로
종으로 팔린 요셉 전을 읽을 때

어린 요셉을 팔아넘긴 형이었던
유년의 나는 부끄럽다

끝끝내 성공한 뒤
무녀리 같은 형들을 거두어
스스로 하늘의 선물이 되어준
요셉 전을 읽을 때

대인으로 변한 요셉에게
세파를 의탁한 초로의 형은
눈물겹다

당신을 대신하여
어머니를 주신 하늘이

본향에 이르도록 동행해줄 큰 선물로

이토록 애틋한 한 배(胚) 형제를 주셨기에

내 손금 속 등산화

오래전
푸른 산언덕으로 뻗은 오솔길 같은 감정선에 비해
희미해진 샛길 같은 결혼선 손금의 손을 펼쳐
짝사랑 애인 대신 샀던
멋진 수제가죽 등산화
콩깍지 벗겨지자 찰떡궁합 아니었다

올라갈 땐 봄 산이었다가도
내려올 때는 늘 겨울 산
짓눌리는 발가락들이 흐린 운명선 위에서 끙끙 앓았다

안 맞으면 새 구두라도 재깍 차버릴 수 있는 두뇌선은
원래부터 깊고 뚜렷했다
비록 미약한 태양선이지만 언젠가는 나긋나긋해지겠지……

높던 코 납작해지고, 탱탱했던 뒤태도 처지고,
볼엔 어느덧 검버섯도 폈지만
여전히 사내의 발 부드럽게 감싸줄 줄 모르니

이젠 정말 아주 벗어버리고 싶다

그러나 오늘도 다시 신는 내 손금 속
망할 놈의 이 할망구!
애정선 하나로 겹쳐지는 순간,

한꺼번에 활짝 피어나는 봄꽃
천지간
봄물, 봄 내음
황홀히 번져나간다

향기를 찾아서

개구리 한 마리
연못에서 올라와 미끈하다
금세 피부가 탄다
다시 짬벙!
뒷다리 느긋이 뻗어 물속에 잠그고
빼꼼 머리 내밀어 하늘을 본다
엽전만 한 하늘,
허기진 물뱀이 한입에 삼키다

개구리 두 마리
논배미에서 헐떡이다 산그늘로 뛰었다
반쯤 눈감고 오락가락 파리를 노릴 때
맴돌던 솔개
떡 본 김에 제사 지내듯 소소하게 찍어가다

개구리 여러 마리
개울가 수풀 속에
먹다 뱉어낸 수박씨처럼 흩어져 있다가

멋대로 옴치고 뛰는 등허리로
한여름의 달큼한 과육이 흘러
닭 기르는 아이들의 매타작을 불렀다
무수한 도약과 잠수의 뒷다리가
뻣뻣하게 굳은 채 공출당하다

개구리 영 마리
내 검은 머리 반백 될 때
기피에서 선망으로 바뀐 송악면 귀농 들판
다시 찾은 경이의
뻐꾹새, 비둘기, 새매, 꾀꼬리, 매미 울음 속
불알친구 종적 없다
봄 논배미, 여름 수풀 지나며 갸웃거려도
팔십 넘은 토박이 농부는 의뭉스러운 감탄으로
그러게!

다시 개구리 여러 마리
찜통 들판이 냉방되어 진열된 마트 과채 코너

화려한 조명 빛을 입은 색깔과 향기 속을 두리번거릴 때
드디어 찾던 친구의 울음소리가 들려온다
그러나 몸뚱이는 사라진 채
매대 근처 숨겨진 스피커 속에서
정든 옛 연못과, 늪과, 논배미에서 탁본해온
박제된 울음만 울고 있다
매미 소리에 섞여 꺼이꺼이
산 들판으로 유혹하는 죽은 울음들로 울고 있다
수억 년을 함께 살아오다
이젠 깊은 산속에서만 언뜻언뜻 눈에 띄는
그리운 내 유년의 깨복쟁이 친구들

가벼운 안녕

엉킨 얼레의 줄이 끊기자 연은
천리 밖으로 날아가서
말라죽은 버드나무 가지에 매달려
가을 벌레 신음 소리만 냈다
이건아니잖아오해야다시생각해줘잘할게제발……

쥐들마저 떠나버린 한밤중
베갯잇에 연잎 이슬 같은 눈물도 떨구다
은총처럼 찾아온 꿈속 만남들에
따뜻한 봄 무논 속에 잠긴 개구리처럼
하하호호하하호호하하호호……
행복하다가

도로 절망한 연은
외진 모래펄에 박힌 우렁이 껍질처럼
서러웠다
바보바보바보바보바보바보바보바보……

新실낙원

신혼의 꽃밭이 시들어 긴 우기가 닥쳤는가
지붕 위로 첩첩 쌓인 잿빛 구름 때문에 에덴의 꽃밭이 시들었는가
아니다
알량한 암수의 자존심만으로 서로가
천국의 햇살도 뚫지 못할
단단한 바위벽만을 선택했던 것이다
마침내 달콤한 에로스의 사과 한 쪽도 나눠 먹지 못해
간덩이가 부은 사내는
모든 게 너 때문이다 소리치며
이브의 동굴을 뛰쳐나왔다
분노로 무성해진 입속 어금니를 피가 나도록 깨물고
적의의 돌칼을 쥐듯 핸들을 단단히 움켜쥔 채 끝없이 질주했다
유토피아를 버린 연옥의 계절
윤기 나던 살가죽은 점점 메말라만 갔다
조개껍질 널린 방파제 위에
그림자 없는 취한 몸뚱이 눕힐 때

온 세상은 비에 젖었다
참을 수 없는 애증이 상상 겁탈을 했다
돌아가고도 싶었다
사냥으로 허기진 배 빵빵하게 불리고
달콤한 이브의 무릎을 베고 잠들었던
저 첩첩 산 넘고 강 건너 그리운 낙원으로
이제는 너무 멀리 떠나와 되돌아갈 수 없는…….

봄을 외치다

거리에 칼바람 불수록
그리운 에덴동산
드디어 터진 손 꼽아가며 기다리던
김 서린 봄의 문을 밀고 들어서면

낙원엔 새싹 화관을 쓴 부끄러운 이브가
살포시 눈뜨고 있다
아직도 가슴엔 잔설 남아 있어도
어느새 곁으로 다가온
망사 속옷 봄의 자락 속엔
오, 단물 흐를 천도복숭아여

그녀가 부어주는 따뜻한 햇살 한 잔,
온기 띤 바람 한 모금에
세상은 다시 알록달록 초록 천지
빈자의 오랜 묵밭에도 갖은 봄꽃 피어나
부활한 나비들도 온종일 깨끼춤 춘다

제4부

엠마우스 가는 길

전동 휠체어에 빵 봉지 매달고
매일 먼 시외 마을 사랑의 집으로 가요
동네 할머니들과 빵 나눠 먹으려요
장애인 콜택시 타고
눈이 와도 비가 와도 가요
가난한 장로님의 예배도
거저 얻어 거저 주는 거구요
아직도 청춘인 제 오르간 반주는
주님이 주신 복된 탈란트랍니다

두 살 때 낙상으로 척추를 다쳐
어느덧 은혜로운 엠마우스에 이른
고통의 십자가
오늘도 동네 제과점서 기부해준 빵 봉지 가지고
논둑 밭둑 사잇길도 지나
똑같이 머리 하얀 장로님이 영접해주는
가내리, 사랑의 집으로 가는
한 씨 할머니

어미의 바다

시시각각 물이 목에 차오르는

그 배반과 절망과 공포만으로 암흑인 절체절명의 순간

가까스로 물 위로 손을 뻗어 SNS로 보낸 딸의 마지막 한마디

엄마 사랑해!

요나*를 삼킨 물고기가 어서 딸을 도로 뱉어주기만을 비는 애끓는 시간을 지나서, 사악한 세상의 멱살을 움켜잡고 울부짖는 광란의 시간도 지나서, 끝내 절망으로 건져 올린 희망을 안고 오열하는 시간을 지나서, 눈물조차 메말라버린 허깨비 넋 같은 세월 지나서, 무시로 들려오는 애절한 딸의 목소리

엄마 살려줘!

불쌍한 딸 잊히려고, 예쁜 딸 잊히려고, 착한 외동딸 애써 잊히려고 가파른 산을 오른다. 오르고 또 오른다. 죽고 싶도록 오른다.

고되게 만든 몸으로 하루치의 고통을 줄인 생각은 잠시 한 조각 푹신함에 닻을 내리고 TV 화면을 고정시킨다. 그러나 마음 밑바닥엔 여전히 앙금처럼 남아 있는 슬픔. 견뎌내는 거다. 살아내는 거다. 내 속에 떠 있는 세월호가 무심한 세월 속에 아주 가라앉을 때까지. 입술을 깨물며 스스로를 다독일 때 이 무슨 연민 어린 애가인가. 흐느끼듯 브라운관에서 어느 여가수의 애절한 사별 노래가 흘러나온다.

그러나 오히려 독이 된 세이렌**의 노래
지금까지 남의 노래인 줄만 알았던 바로 나의 사별 노래
그날 끝내 또 좌초한, 아직도 물속에서 허우적거리는 딸과 함께 침몰한
그 가련한 어미의 슬픈 서해 눈물바다…….

---

*구약성서 요나서의 주인공.
**호머의 오디세이에 등장하는 반인반조의 요정. 아름다운 목소리로 항해자들을 유혹하여 죽음에 이르게 한다고 함.

이모작 하게 해주세요

불타는 해를 너무나 사랑했기에
여름도 다 가기 전
검게 그을린 부지깽이들이 돼버렸다

하모니카 선율 맴도는 칠월 들판
나부끼던 푸른 잎새들 사이로
자랑스럽게 빛났던 고른 결실들
서둘러 아낌없이 내주어 버리고
빈털터리가 된 생경함들이
아직도 짙푸르기만 한 여름 한가운데서
몸 둘 바 모른 채 풍화되어 가고 있다

너무도 일찍 생을 소진해버린
나무도 아닌,
풀도 아닌
버썩 마른 이파리들이 염천 속에서
속절없이 바스라지고 있다
산 주검들로 서 있다

아직은 푸르름 지천인 여름 길가 밭둑
일찌감치 세상을 버린 수도사들처럼
서걱이는 갈색 법의를 곧추세운 채
광야에 서 있는 마른 옥수숫대,
조기 퇴직자들

수릿재 마을 흙수저

처음으로 잎눈을 떠보니 앞에는 떡하니 가로막은 은산철벽, 가냘픈 실뿌리 내린 땅은 음지에다 박토, 하여 이 높고도 견고한 체제의 벽에 착 달라붙어 죽기까지 기어오르는 것, 마침내 꼭대기에 이르러 아래로 옆으로 무성해져, 푸른 하늘 아래 나만의 아름다운 공중정원을 이루는 것, 그것만이 이 출구 없는 콘크리트 옹벽 아래 뼈대 없는 넝쿨 천민들이 각자도생해야만 하는 운명이고 꿈이었다.

올해는 기어이 저 벽을 타넘고 말리라, 봄부터 가을까지 조금만 더, 조금만 더 키를 늘여보지만 매년 역부족, 이내 찬바람 몰아쳐 오면 용 되는 시늉하다 무수히 마른 비늘만 떨군 이무기들의 애장터로 변해버리고 말았다.

한해살이 갱신 계약직인 그들에게 쇠음달의 모진 북서풍은 일종의 넘을 수 없는 수목한계선인 셈. 흙밥 먹은 지 수년이 되도록 아직 방향도 잡지 못한 채 바닥을 기는 한심한 루저들, 수시로 부는 바람 따라 이리저리 흔들리는 키 작은 몸을 힘겹게 가누며 겨우 밑바닥에나 껌처럼 붙어 있는 흙수저들,

자조 섞인 한탄도 늘어놓는다.

이런 와중에도 정상에 오른 억세게 운 좋은 놈은 있다고, 용케 칼바람 비껴가고 햇볕 한 줌 더 비치는 남쪽으로 기우듬한 벽 모서리 안쪽에 자리 잡아 그 미묘한 환경의 유리함에 발 빠른 적응을 하여 꼭대기 회전의자에 안착한 녀석이라고, 공고한 옹벽에 몸을 빨판처럼 붙이고 어제까지의 못난 자신을 굽어보며 이제는 종자들까지 매달린 굵은 줄기와 넓은 잎사귀들을 승승장구 옆으로, 아래로 확장하는 데 골몰하는 녀석이라고,

돌연변이처럼 낙하산을 타고 내려와 머리를 타고 앉은 금수저에 이르러서는 모두가 시퍼렇게 질린 이파리 손들을 흔들어댔다. 성마른 바늘 잎을 빳빳이 세운 정규직들마저 축축 가지를 늘어트리는 찜통더위 속, 그나마 간신히 붙어 있는 실 모가지 끊기지 않으려고 곰팡이 얼룩덜룩한 거대한 아파트 옹벽을 무른 덩굴손으로 더위잡고 용쓰는 안쓰러운 저 평생 임시직, 난쟁이 담쟁이덩굴들!

그림자

고무장화도 귀했던 시절
잘 자란 벼들이 줄지어 서 있는 논에 맨발로 들어가
부쩍 늘어나기 시작한 아버지의 새치 같은 피를 뽑았다
뽑다 보면 물속 가는 내 종아리에서도 누군가 피를 뽑았다
따끔따끔하고 근질거리는 다리를 들어 올려보면
물속 논바닥 피 뽑혀진 자국 같은
거머리 물린 상처에선 벌건 피가 흘렀다
뽑다와 뽑히다가 하나로 진창인 생, 논바닥
그곳에서 피가 되고 살이 되는 밥이 나왔다

심기는 분명 볍씨만 심었는데
그동안 몰래 숨겨두었던 샴쌍둥이 같은 것이었을까
다 자라기 전까진 벼인지, 피인지 구별이 안 갔던
화투판의 피만도 못한 흑싸리 잡것들

거머리 소리만 들어도 논둑의 말뚝이 되어버리는 여자애들에게
거머리는 단지 떼어내지 못할 그림자일 뿐이었다

종아리에 껌처럼 달라붙어 마구 흡혈하던 거머리를 뚝 떼어내
눈부신 한낮의 태양 아래
히히거리며 흔들어 보이던 짓궂음은
어쩌면 어린 저도 모르게 보여준
생의 비의(秘意) 같은 것이었는지도 몰라

떼어낸 거머리를 논둑에 휙 던져버리고
피 나는 장딴지를 쓱 한번 문질러주면 그만이었던 것

그러나 더 이상 털도 안 나는 오래된 내 장딴지에 붙어
아직도 피를 빨아대는
보이지 않는 지겨운 거머리들!

천리안 심 씨의 말년

어느 날 갑자기
다섯 살배기 어린 눈이 새빨갛게 변했다지
어둑한 시절, 어둑한 산골, 어둑한 부모는
아들놈 눈에 든 귀신을 내쫓는다고 굿판만 벌였다지
그때부터 세상은 불 꺼진 밤뿐이었다지

손끝으로 읽는 세상 밝아올수록
허망하게 잃어버린 빛이 너무도 사무쳤다지
보이지 않는 것을 보는 눈먼 치유자의 혜안은
점점 안개 속으로 산란되고
세상사를 투시하는 천리안만 깊어졌다지
눈뜬 사람이 보지 못하는 것까지 볼 수 있는
신묘한 시력을 사방으로 뻗쳤다지

비록 입김만으로도 날아가 버릴
머리 하얗게 연소된 성냥개비 같은 몸이지만
못 봐서 더 잘 볼 수 있는 두 눈 속엔
남들이 부러워하는 박달나무 수저가 깃들었다지

시각장애자 안마사 심 씨
동전을 세고
혼밥을 먹네
오래전 마누라도 떠나가고
아들, 손자들하고도 함께 살지 못하는
남산 정각사 아래
모로 앉은 별채 같은 집에서
한숨을 쉬며

엄마의 열쇠

한파 속 등굣길
어린이집 문 앞에 도착한 장애인 콜택시에서
먼저 내린 젊은 애엄마는
아들이 내리길 기다린다
다운 털옷으로 무장을 했어도
매서운 칼바람에 몸은 저절로 움츠러들 때
아이는 엄마의 재촉에도
졸린 눈으로 하품만 한다

까만 눈동자의 귀여운 민석이
무엇이 이 어린 왕자의 자물통을 굳게 잠그게 했을까
다섯 살이 다 되도록 남과 눈을 못 맞추고
말도 배우지 못해
미시 맘은 오늘도 수심 띤 민얼굴일 수밖에 없다

달래듯 재촉하는 엄마의 미안함과
내리기 싫어하는 무표정 사이로
어색함을 메꾸려는 농이 끼어든다

민석이 내리기 싫어?
따뜻한 차 안에 그냥 계속 있고 싶지?
그래도 나가야 돼.
인생은 원래 쓴 거야.

할아버지 운전기사의 얼음 맛 조크에
해님도 좀 실소했을까
깔깔대며 팔 벌린 엄마 품으로
굳게 닫혔던 아이의 자물통이 스르르 열리며
감긴 태엽에서 되살아난 귀여운 인형 하나
한 발 두 발 걸어 나간다

승진이

처음 그 애를 차에 태우러 갔을 때
꼭 어디선가 본 듯한 느낌의 아이였다
전에 살았던 도시 어느 골목길이었던가
언젠가 지나쳤던 성심학교 근처였던가
아니면 TV 불우이웃돕기 화면에서였던가

그러고 보니 도처의 그 애들은
남남인데도 형제처럼 닮았다
둥글고 납작한 얼굴에 올라간 눈꼬리
낮은 코에 넓은 미간
개성이라는 것도 미소한 한 끗 차이로
기시감으로 변하기도 한다는 듯
오늘도 승진이는 차를 향해 힘차게 뛰어온다

점심때만 되면 장애인 콜택시 타고
매일 매일 우체국 실습 알바 하러 가며
선망 어린 아이돌 가수 얘기도 하는
만년 아이같이 생긴 고등학교 졸업반 아이

새로 수시원서 낸 대학을 또 추가하고
세 번째 사귄 예쁜 여친이라며 자랑스레
저장된 핸드폰 사진도 운전석 너머로 보여준다

비록 때로는 말 어눌하고
과연 진짤까 희망사항일까 미소 짓게 만들고
몇 시간 전 다짐하며 가르쳐준 승차 장소도
기억 못하는 아이지만
나름 꿈 많고 기특 씩씩한
다운증후군 지적 3급 승진이!

어떤 데이트

늦가을비 추적추적 내린 일요일 오후, 한 달 만에 만난 대학생 딸과 둘이 식당에 들어가 삼겹살을 굽는데, 넓은 식당 온돌 홀에는 빈자리 하나 없이 손님들로 왁자지껄한데, 우연히 눈길이 간 옆자리에는 세파에 찌들어 보이는 늙수그레한 여인과 머리털이 거의 빠지고 상체가 굽은 노인이 고기를 굽고 있었는데, 말이 없는 그들이 처음에는 나이 차가 많은 부부로 알았는데, 이거 먹어 봐라. 저거 먹어 봐라. 고기 더 먹을래? 응. 아니. 괜찮아, 아버지. 마치 잔칫집 사랑방 같은 떠들썩함 속에서 언뜻언뜻 들려오는 둘의 토막 대화를 통해 그들도 부녀지간임을 알았는데, 묻는 아버지에 대답만 하는 딸이 왠지 사연 있어 보였는데, 그렇게 우연히 이웃한 두 부녀지간이 그렇고 그런 삶의 실타래를 풀고는 앞서거니 뒤서거니 일어섰는데, 자상한 그 노인의 모습에서 무섭기만 했던 어렸을 적 내 아버지를 떠올리기도 했던 것인데,

주차장으로 내려와 운전석, 조수석에 나란히 앉아 자판기 커피를 홀짝이고 있었는데, 아까 본 그 부녀가 주차장 통로를 사이에 두고 우리와 마주 보며 주차된 차에 오르는 것인

데, 어라, 예상과는 반대로 부축이라도 받아야 될 듯싶은 그 노인이 야구 모자를 쓴 채 주춤주춤 운전석에 오르는 것인데, 이미 조수석에 오른 그 늙은 딸은 그것이 예삿일인 듯 무표정한 표정으로 앉아 있었는데, 바로 몇 미터 앞 두 번째 우연히 보여주는 작은 반전에 커피를 마시던 우리 부녀의 입은 잠시 동작 그만이 되었는데, 그러면서 내 어렸을 적 세상을 뜬 아버지와의 박복한 인연을 아쉬워하기도 하는 것인데, 죽은 아버지의 불같던 시절이 저 노인에게도 있었겠지 내심 읽어도 보는 것인데, 왠지 시름 있어 보이는 부녀의 모습에서 사별, 이혼, 수술 같은 불운한 상상도 해보는 것인데,

기침하듯 시동을 건 뒤, 핸들을 꺾으며 삐거덕, 주차장을 빠져나가는 부녀의 등 뒤로 우리 부녀는 남의 일 같지 않을지도 모르는 미지의 쓸쓸함과 연민을 담은 눈빛으로 마음의 박수도 보내는 것인데, 가을비 그친 차가운 하늘엔 마치 무슨 대답이듯 아름다운 무지개가 걸렸는데,

어머니 9

열 가지, 스무 가지 맛깔스런 반찬들을
장인처럼 잘도 만드시던 손이
이제 즐겨 찾는 건
울타리콩밥에 땅콩절임 반찬뿐
간식마저도 고소한 군밤

며느리, 종업원에게 호통 쳤던 기상도
앞니와 함께 빠져나가고
오랜 청춘과부 눈물샘도 이젠 마르고
군것질도 괜히 부끄러운 소심한 아이가 되었다
막내아들이라는 왕밤톨 속에 깃든
미소한 애벌레가 되었다

몇 달 만에 막내 집 어머니를 찾으면
삼사 분마다 되묻는 밥 먹었느냐는 말에
서글픈 알츠하이머 현실을 확인하고
밥 먹다가도 둘째만 생각하면
가슴이 찌르르 아파온다는 말에

아직은 안도하는 불효가 깊다

나지 않는 냄새로 자꾸 문을 열어놓아
아들에게 꾸중도 듣지만
어쩌다 늦게 들어오는 아들이
거꾸로 엄마처럼 반갑다
한 살이로 줄어들고 작아진 채
아늑한 밤톨 속에서 새로운 부화를 준비하는
팔순 애벌레, 어머니

혼자 화진포에 와서

당신 떠나 여기 오니 보였네
우리 둘은 오래 같은 듯 달랐던 걸
이를테면 저 남북으로 서로 마주 보고 있는
유적으로 남은 두 독재자의 별장처럼
모진 마음이 역류할 때면 언제든 닫을 수 있는
완고한 수문을 사이에 둔 저 바다와 호수처럼
갈매기 날개 접으면 풀벌레 울고
새로운 태양이 떠오르면
새벽달 지는 의미 없던 낮과 밤의 이원론
일상으로 쉼 없이 밀려와 부서지는 파도에
정진할 그 무엇도 잃어버린 채
끝내 염수와 담수가 한 물길로 뒤채이며
들끓는 사랑의 대열에 투신하는 날개도 돋지 못했네
단절과 이산의 국경선이 보이지 않는 저 바다처럼
하나였던 우리 마음에 불통의 38선이 그어진 것은
뻔한 신념과 자본 때문은 아니었네
언제부턴가 오래 굳어진 습관의 모래벌판에서* 길을 잃어
서로의 방향이 달라졌던 것이네

멀어질수록 오히려 더 간절해짐은
어제의 갈매기가 추억을 날갯짓하는 피서지에서
오늘 부재한 가족의 단란함으로 사무치네
당신 떠나 혼자 여기 와보니 알겠네

---

*타고르의 시 「동방의 등불」에서 인용.

숨구멍

나 또한 뜨거운 태양의 시절에
숨구멍 막힌 듯 열(熱)섬이 된 도심에서
문에서 문으로 헛바퀴만 돌며
헉헉거릴 때
숨통 틔워주는 고마운 숨구멍이 있었네

돌무더기 사이 남새밭엔
호박꽃, 장다리꽃도 피어서
나비와 참새도 날아와 노는
말랑말랑한 아기 정수리 같은 곳이었네

푸른 나뭇가지 살랑거리는 오아시스에서
장돌뱅이의 지친 낙타 등짐도 내려놓고,
샘물 한 모금으로 조갈난 목도 축이고,
흐르는 구름 연못 보며
순간의 연꽃송이도 찾노라면
꽉 막혔던 내 숨구멍 위로 불어오던
시원한 산들바람

영원히 보존해야 할 지구 속 아마존 원시림같이
이따금씩 마주치는 주인 없는 한 뙈기 푸르름이
외려 지친 도시인의 허파가 되었던
그 시절의 내 숨구멍
도심 속 쌈지 같은 빈터들
막힌 핏줄에도 다시 새로운 피가 돌곤 했었네

새도우 우먼

본시 명문가의 미인이었다
늘 수려한 자태가 빛났었다
숭례문이 불탔을 땐
달려가 기둥도 되고 싶었다
아들딸 낳으니 나라의 동량감이었다
한때는 찌질한 잡목 남자들도 거느렸던
목심 부드러운 거목 여장부였다
나이 들어 어쩌다 대학교 교내
그림 속 배경으로만 보이게 되었지만
늘 향긋한 내음을 자아냈다
파마머리에 눈 맞으며
하늘도 우러르고
기꺼이 교정의 그늘이 되어주었다

어느 날 아침
공기 정화원인 그녀가 그만 쓰러지고 말았다
근본도 없이 자란 패륜남, 쓰레기녀*인
태풍 곤파스에게 얻어맞고 걷어차인

안면도가 고향인

오십대 미인송이었다

---

*2010년 연세대와 경희대에서 학생이 여자 미화원을 폭행해 사회적 물의를 일으켰을 때 성난 네티즌들이 그 장본인들을 지칭했던 말.

공생

구름처럼 머물다 풍선처럼 떠오른다
저 날갯짓은 생존을 위한 기발한 적응
철갑 비늘들이 번쩍이는 늪지 악어들의 이빨에
지체와 정체의 찌꺼기가 끼었을 때
악어새는 뜬다
코를 벌름거리며 나타나
영원을 허비하는 악어들의 시간을 쪼아먹는다
엉킨 머리와 꼬리 사이를 위태롭게 오가며
날카로운 이빨과 이빨 사이
곡예비행을 한다
일상 탈출의 꿈들이 갇힌 길바닥 늪에서
시나브로 막혔던 물길이 뚫리면
바람처럼 또 다른 악어들을 찾아 떠나는
고단한 삶의 달인들,
고속도로 위의 악어새!

발문

모든 눈송이는 저마다 자기 자리로 내린다 : 타인의 자리에서

김남석 부경대 교수·문학평론가

1. 2000년대 이후 시의 지향, 장재원 시의 지향

일반적으로, 시는 언어의 합리적 성향에서 이탈한 시어들로 구성되곤 한다. 시어 차원이 아니라고 해도, 시인(들)은 시를 쓸 때 일상어의 기준에서 벗어나고자 하는 자연스러운 욕망은 자연스럽게 인정된다. 그것은 크게 경제성과 압축성 때문일 것이다. 하나의 언어가 하나의 표상을 지시하는 데에 익숙한 일상어와 달리, 시어로 선택된 언어(일단 여기서는 단어)는 하나의 표상을 지시하는 규율 자체를 거부한다. 동시에 여러 개의 표상, 혹은 표상과 표상이 겹쳐지는 지점을 가리키고자 하기 때문에, 시어들은 일대일로 지칭하는 수보다 많은 표상을 감당하지 않을 수 없다.

결국 이러한 시어들의 배치는 압축이라는 결과(물)로 수렴된다. 계열관계를 하나로 통합하거나(흔히 '은유'로 이해된다), 결합관계에서 어느 요소를 생략해버리는 결과로 나타난다(흔히 '환유'로 이해된다). 이러한 조작 과정은 하나의 시어가 여러 개의 표상, 중첩된 관념을 담당하는 이른바 압축을 가져오고, 아울러 적은 시어의 숫자로 많은 지시 대상을 감당하는 경제적 효과도 가져온다.

그런데 장재원의 시는 이러한 일반적인 시의 운영과는 다르다. 그의 시에서 시어의 선택은 합리적인 수준을 지키고자 한다. 즉 하나의 시어가 하나의 표상을 지시하는 데에 더욱 능숙하다. 결과적으로 시인의 생각(관념)은 서사라는 논리적 구조를 강도 높게 지향하게 되는데, 사실 이러한 지향은 시인들의 일반적인 통념과는 거리가 있어 어떤 이들에게는 당황스러운 결과를 초래할 가능성도 잔존한다.

다만 생각을 넓혀 보면, 적어도 90년대 이후의 시에서 시어의 합리성(논리성) 내지는 시 구조의 서사적 효과는 그리 낯선 현상은 아니었다. 시의 길이를 일률적으로 잴 수는 없다고 해도, 시어가 많이 동반되고 시의 길이가 길어지고 시 부분 사이의 서사적 연결이 중시되는 경향도 증가했던 것으로 보인다. 따라서 시어의 합리성, 혹은 서사성에 대한 진단은 90년대 이후, 특히 2000년대 이후 시의 일반적 경향이라고도 할 수 있다.

그래서 이 지점을 빌려 다시 물을 수 있다. "과연 이러한 단어의 연장과 서사의 도움이 꼭 필요한 것일까"라고. 우리가 시를 읽고 그 의미를 캐는 과정에서 압축성 혹은 경제적 효과는 과연 간과되어도 좋을 구시대의 폐습일까. 장재원의 시는 이러한 생각을 촉발한다. 그 자리에는 논리가 아닌 다른 것이 차지할 때가 많다. 적어도 그 시가 읽을 만한 시가 되는 자리에서라면 말이다.

2. 우주의 다른 모퉁이에서, 겹쳐 볼 수 있는 시들

> 초신성(超新星, supernova)은 신성(nova)보다 에너지가 큰 항성 폭발을 의미한다. 흔히 초신성은 그 광도가 극도로 높으며, 폭발적인 방사선을 일으키기에, 어두워질 때까지 수주 또는 수개월에 걸쳐 한 개 은하 전체에 필적하는 밝기로 빛난다. 이 짧은 기간 동안 초신성은 태양이 평생에 걸쳐 발산할 것으로 추측되는 에너지만큼의 방사선 복사를 발한다.
>
> 믿거나 말거나 한 『위키백과』에서

장재원의 시집은 총 4부로 구성되어 있다. 그중 2부에는 '시 탄생'과 '우주의 탄생'이 지니는 공통성을 바탕으로, 시적 세계 인식과 자연과학적 세계 인식을 겹쳐놓은 시들이 주류를

이루고 있다. 로렌 아이슬리의 『그 모든 낯선 시간들』이 각주의 형태로, 두 편의 시에 편입되어 있기도 하다. 그만큼 2부는 하나의 공통 생각—우주와 탄생—을 드러내는 장(field)이라고 할 수 있겠다.

그러한 시들의 대표 격인 시는 「어느 자연주의자의 고백」이다. 이 시는 지구로 대표되는 작은 개체가 우주로 표상되는 거대한 대상을 인식하는 불편함에 대해 이야기하고 있다. 다소 시적인 표현과 범주를 벗어나는 것조차 용납하면서, 성서와 깨달음을 원용하고 있다.

그래서 그런지 이 시는 시적인 순도가 높다고 할 수 없다. 그 이유는 크게 두 가지이다. 하나는 원론적으로 2부 전체가 하나의 시로 통합되어야 할 시들의 나열일 수 있기 때문이다. 다른 하나는 2부의 시어들이 시의 본령으로 편입되지 못한 시어들의 합리적 나열에 치중했기 때문이다.

그러한 측면에서 보면, 2부의 시들 중에서 「초신성」이 가장 눈에 띈다. 이 시에는 다른 시들이 내포하는 내용이 고루 함축되어 있으면서도, 시어의 절약과 압축을 통해 필요한 관념까지 담아내고 있기 때문이다. 한번 읽어보자.

말[言]도 늙었다

손으로 감싸 안은 심장

불 꺼진 달동네 단칸방

홀로 식어가는 불씨 한 점

사랑이여……

순간, 조용하던 우주가 잠시 반짝 빛을 발한다

—「초신성」 전문

시인은 자연과학적 사실에 입각한 언어들을 버리고, 우리가 아는 단어들로 세상—시인이 바라보고 설명하고자 하는—을 묘사하기 시작했다. "말[言]도 늙었다"는 말은 수월하게 이해되지 않기는 하지만, 모든 시가 그렇듯 단어 수준에서 해석될 필요는 없어 보인다. "손으로 감싸 안은 심장"은 2부의 시들에서 말하는 우주 탄생의 한 지점을 가리키는 듯하다. 우주의 탄생을 설명하는 자리(글 혹은 논리)에서는 '핵'이 되는 물질이 생기고 그 물질이 응축/균열/폭발하는 과정을 공통점으로 지적하곤 하는데, 아마도 '심장'은 이러한 중핵적 물질을 의미하는 것으로 보인다. 심장은 뜨겁고 빠르게 뛰었지만, 어느새 폭발하고 식어갈 것이다. 그 식은 상태가 "불 꺼진 달동네"인데, 우주 역시 지금의 평온—비록 일부의 우주에서만 확인되는 평온이지만—을 유지하기 위해서는 올라간 온도가 내려가고 켜졌던 빛이 꺼져야 하는 순환을 거쳐야 한다.

시인은 초신성이 생겨나 폭발하듯, 우리 삶(세계)에서도 중핵적인 어떤 것이 탄생하여(태어나고) 성장하고(다른 말로 '늙어가고'), 한편으로는 응축되어 균열되다가, 결국에는 그 높았던 온도를 잃고 식어간다고 믿는다. 그리고 그 과정에서 '아직은 꺼지지 않은' 그래서 "홀로 식어가는 불씨"도 여전히 존재한다고 믿는다. 우주의 다른 모퉁이에서 탄생하는 새로운 활기—그것을 '심장'이라고 부르든, '불씨'라고 부르든, 아니면 시인처럼 '사랑'이라고 부르든, 아니면 자연과학자들처럼 '초신성'이라고 부르든 간에—를 목격하고 감지하고 싶은지도 모르겠다.

그 감지가 이루어질 수 있다면, 초신성이 폭발하듯 그렇게 시인의 내면에는 작은 폭발이 생겨날 것이고, 시가 되고 세상이 되어 조용하던 우주를 흔들어놓을 수도 있을 것이다. 멀고 먼 우주에서, 인간의 기원을 거슬러 올라가는 광대무변한 시간의 저편에서 일어나는 폭발보다, 어쩌면 그 내면의 폭발이 더욱 멀고 광대무변한 삶을 보여줄지도 모른다.

2부를 넘어서면, 이러한 내적 폭발에 관한 시인의 인식이 「문 열리다」 같은 시에서도 동일하게 나타나고 있음을 확인

할 수 있다. 가령 이 시에서 "한 우주가 폭발하며/순간이 피워낸 얼굴이 꽃이라고" 같은 구절이나, 혹은

> 문 저편 얼굴이 열심히 게워낸 것이 꽃이듯
> 꽃핀 얼굴은 세상을 향한 애틋한 문 열림이다
> 문 닫힌 외로움이 꽃으로 피어난다
> 꽃들로 환한 문 안팎 세상이다

같은 연에서는 꽃들의 개화를 초신성의 폭발이나 내적 울림을 동반한 충격으로 인식하는 태도가 분명하게 드러나 있다. 별의 개화가 곧 꽃의 폭발인 셈이다. 그렇다면 인생의 폭발은 아마도 인식의 폭발이거나 시의 만개로 보아도 좋을 듯하다. 시인에게 이러한 인식이 보편적이라면, 보다 폭발적인 결과를 주목하는 시가 더 어울리지 않을까 하는 생각도 든다. 그것은 시와, 세상과, 그리고 시인의 인식이 궁극적으로 겹쳐져야 한다는 일반적 생각에 기댈 때도 마찬가지이다.

사족 : 그래서 시인은 "말[言]도 늙었다"고 한 것은 아닐까 싶다. 오래전부터 그 희열의 폭발을 그려내려고 노력해온 말이 결과적으로는 그 폭발을 가두는 감옥으로 변했다고 생각하면서 말이다.

3. 나무 사람 한 그루

시인은 시집의 자서에 나무에 대한 친근함을 부각하며, 나아가서는 그 '신성함'까지 거론하고 있다. 이러한 시인의 마음은 자서에서 '날것의 향기', '투명한 모습', '단순한 춤', 그리고 '그 자체만으로도 한 그루의 시'로 드러난다. 이러한 표현은 그 자체로는 낯선 것은 아니지만, 상당히 흥미로운 것이기는 하다. 나무를 찬양하는 숱한 시적 표현의 범주에서 완전히 빗겨 섰다고는 할 수 없지만, 진심이 느껴지는 표현들이고, 무엇보다 해당 시집에서 그 편린이 진솔하게 드러나기 때문이다.

설화산 중턱 산비탈에
모진 태풍으로 뿌리 뽑혀 거꾸로 처박힌
사람주나무 한 그루

○○○○병원 중환자실에
뇌졸중으로 쓰러져 누워 있던
나무 사람 한 그루

그 나무,
그대로 잎들이 말라버려 모두가 죽었다고 생각했는데

다시 봄이 되자
바위틈 속에 가까스로 끄트머리만 묻혀 있던
산소 호스 같은 뿌리로
신생의 잎들을 피워 올렸다

그 사람,
깨어날 가망 없다는 의사 말에
아기 때부터 큰집에서 데려다 키운 양아들이
한 달 만에 뿌리 뽑아내
다시 신령한 봄맞이하지 못했다

—「사람주나무에게 묻다」 부분

'사람주나무'는 각종 등산로에서, 혹은 얕은 야산에서 어렵지 않게 목격된다. 각종 사전에서도 이 나무는 한반도 전역에서 분포하는 나무라고 설명되고 있다.

시인은 세상의 그 숱한 나무 중에서 하필이면 왜 이 나무를 문면에 내세웠을까. 설화산 중턱에 거꾸로 처박혔다는 구체적 상황으로부터 유래했겠지만, 더 중요한 것은 이 땅에 사는 모든 이들과 같은 운명을 지녔다는 사실을 은연중에 보여주기 위해서는 아니었을까. 나무가 그러하듯, 같은 땅을 공유하는 사람들이 그럴 수 있다는 무언의 계시를 전하기 위해서는 아니었을까. 시를 조금 더 읽어보자.

시인은 2연에서 느닷없이 쓰러져 있는 한 환자 이야기를 한다. 독자들이 느끼는 인상은 "뿌리 뽑혀 거꾸로 처박힌" 나무와 "쓰러져 누워 있던" 사람 사이의 공통성이다. 무언가의 불행을 겪고, 어쩌면 자연사의 한 대목처럼, 필연적인 순환과 노화에 의해 두 개체(하나는 나무, 하나는 사람)는 쓰러져 제대로 움직이지 못하는 신세가 되었다.

시인은 두 사물(표상)의 유사성을 이름에서도 걸어놓고 있다. '사람주나무'와 '나무 사람'이 그것이다. 두 표상은 '그루'라는 말을 공유하고 있다. 여기서 그루는 의존 명사로—의존 명사임을 강조하기 위해서 '한' 의 수식을 받고 있다—'식물 특히 나무를 세는 단위'로 쓰였다. 하지만 이 그루는 명사로서의 의미도 있는데, 그때에는 '그루터기'와 같은 뜻이고, '작물을 심어 기르고 거둔 자리'라는 뜻을 지니게 된다.

시인은 '그루'를 통해, 연상되는 여러 의미를 끌어오고 싶었던 것 같다. 한 그루의 나무도 자신이 무언가를 거두는 자리를 갖기 마련이고, 한 그루의 나무 사람도 '작물을 심어 기르고 거둔 자리'를 확보하고 싶어 한다. 그 작물은 열매일 수도 있고, 그늘일 수도 있고, 땅일 수도 있고, 어쩌면 인간(가족 혹은 자식)일 수도 있다. 그 어떤 것에 국한될 수도 있지만, 동시에 그 모든 것을 포괄할 수도 있기 때문에, 시인에게는 사람뿐만 아니라 '나무 사람' , 혹은 '사람 나무'도 필요했는지 모른다.

그래서 3연에서는 '그 나무', 그러니까 사람인지 나무인지 분별할 필요가 없는 그 무언가(일단 표상이라고 부르자)가 주어로 나선다. 그 나무는 '모두가 죽었다고 생각'했던 나무였지만, "다시 봄이 되자" "신생의 잎들을 피워 올"리는 나무가 된다. 죽음 앞에서 죽음처럼 쓰러졌지만 결국에는 다시 일어나 죽음을 넘어서서 재기하는 나무가 된 것이다.

이 나무를 상상으로라도 보고 있으면, 서정주의 「자화상」 속 한 그루(시어로는 '한 주')의 나무가 떠오른다. 그 나무도 '파뿌리같이 늙은 할머니'와 '대추꽃'을 통합하여 지칭하는 나무였고, 그래서 시 속에서 단 '한 주'만 서 있는 나무여야 했다(원문은 "파뿌리같이 늙은 할머니와 대추꽃이/한 주 서 있을 뿐이었다"). 서정주는 자연과 인간의 간극을 '한 주 서 있'는 나무를 통해 통합할 수 있었고, 먼 시간을 건너 장재원도 그 언어의 간격을 체험하고 있다고 해도 좋을 것이다.

이렇게 시어를 풀어가다 보면, 가장 흥미로운 지점은 4연이 된다. 4연의 주어는 다시 분리되기 때문이다. 그러니까 시인은 '그 사람'으로 분리하여 지칭하여, 나무라는 통합된 표상 속에서 '사람'을 다시 끄집어낸다. 왜일까. 서정주라는 거대한 시작(詩作)의 경향 안에서 생각하면, 굳이 이러한 필요가 없을 것 같은데.

4연은 한 사람에 대한 이야기이다. 그 사람은 물론 중환자실에 '쓰러져 누워 있'는 어떤 이를 가리키지만, 그 사람의 이야기 속에는 '그 사람'의 '또 다른 사람'이 등장한다. 양아들. 양아들은 '그 사람—환자'가 "아기 때부터 큰집에서 데려다 키운 양아들"이었는데, 이 양아들은 '그 사람—환자'가 쓰러진 한 달 후에 치료를 중단하고 자신을 키운 이를 영원한 겨울 속에 묻어버린다.

물론 어떠한 사연이 있었을 것이다. 부모 격인 그 사람에게, 그렇게 해야 할 이유가 있었을 것이다. 패륜일 수도 있고 눈물을 머금은 선택이었을 수도 있고 어쩌면 무관심이거나 자연적 순리일 수도 있을 것이다. 그 사연을 파고들고자 한다면, 이 작품은 시가 아니라 소설이 되어야 했을 것이다. 서사의 논리가 승하고 표상에 대한 단면적 의식은 옅어졌을 것이기 때문이다. 다행히 시인은 더 이상의 논리를 펴지도 않았고, 설명도 길게 나열하지 않았다. 해석이 완전히 줄어든 것은 아니었지만, 더 이상 과도하게 진전되지 않은 것도 사실이다.

그래서 시인은 '사람주나무'에게 '사람살이' 혹은 '나무살이'에 대해 물을 수 있었다. 시인이 바라보는 두 개의 세계—나무로 표상되는 자연의 세계와 인간으로 표상되는 삶의 차원—는 별반 다르지 않은 세계이다. 그 세계를 관통하는 논리는 기실 같은 것이었는데, 이를 운영하는 사람에게서만 차이를 드러낼 뿐이다. 즉 나무는 쓰러졌지만 일말의 가능성으로 살아났고, 사람은 쓰러졌지만 누군가의 결단으로 그 가능성이 지워졌다.

그래서 '사람주나무'는 '묻혔'지만 살아났고, '나무 사람'은 살아날 수 있음에도 조용히 '묻혔'다고 말하는 것 같기도 하다. 이 대목에서 더 심도 있게 우려내어야 할 점은, 이러한 인식을 통해 세상살이의 어떤 측면(일종의 관념)을 드러낸다는 점이다. 그러자 이러한 시인의 인식은 보편적 범주에서 일관성을 갖출 수 있게 된다. 적어도 시집의 자서에서 말한 대로 "만약 나무가 말을 한다면/거짓말이 아닌 거짓말 같은 기교는/잘 부릴 줄 모"를 것이기 때문이다. 나무는 그래서 사람의 잃어버린 표상이 될 수 있다. 시인의 말대로 하면, 나무의 덕목은 사람으로 하여금 '나중에 한 그루 나무가 되'겠다는 심산(心算)을 북돋을 수 있다.

4. 타짜 검객의 단칼

시 「단칼」은 섬뜩한 인상을 전하는 시이다.

가늘고 길쭉한 줄 같은 것이 기이하고 낯선 형상으로
길가로 머리를 뻗친 채 정지해 있었다
얄궂은 운명은 정해진 때와 장소가 없어서
제 길을 잃은 삶과 죽음이 한 뭉텅이가 되어

비명을 지르고 있었다

부화되어 겨우 어른 손바닥 길이 남짓 자란 유혈목이
처음으로 아가리를 벌려 삼킨 것이
하필이면 이제 막 올챙이 꼬리를 떼고 풀잎에 올랐던
밤톨만 한 청개구리라니!
미숙한 어린 뱀은 다리부터 삼킨 청개구리를
한입에 삼키지 못하고,
서툰 아가리 밖으로 머리가 비어져 나온 청개구리는
유예된 죽음의 공포만 속절없이 삐악대고……

—「단칼」 부분

시인은 산을 오르다 '얄궂은 운명'과 조우한다. 풀숲을 타고 울리는 가녀린 비명을 들은 것이 문제였다. 그 운명 같은 비명은 삶과 죽음이 공존하는 곳에서 흘러나오고 있었다. "가늘고 길쭉한 줄 같은 것"이 "기이하고 낯선 형상으로" 비명을 지르게 하고 있었다. 이러한 표현은 일차적으로는 뱀(유혈목이)을 가리키겠지만, 가늘고 긴 것은 비단 뱀만을 지칭하는 것은 아닐 듯하다. 우리의 삶을 지칭할 때에도, 그 안에서 질기고 깊은 인연을 가리킬 때에도 이러한 표현은 가능하며, "기이하고 낯선 형상" 역시 어울리는 표현이라고 해야 한다. 뱀과 개구리의 만남과 죽음을 통해, 시인은 인연이나 운명의 어떠한 측면을 보고 있는지도 모른다.

사실, 이러한 인식도 한없이 낯설다고는 할 수 없다. 시인이 보여주는 뱀과 개구리의 묘한 이중성과 혐오감이 이러한 인식을 새로운 것으로 만들고 있는 것처럼 보이지, 뱀이 개구리를 만나 잡아먹고 있는 풍경 너머의 삶/죽음의 혼용은 그 자체로는 드문 관념이라고 할 수는 없다.

그럼에도 이 시는 삶과 죽음에 대한 기묘한 통찰에 하나의 관념을 덧입히는 데에 성공했다. 그것은 '단칼'이라는 묘한 단어에서 비롯되는 것 같다. 우리는 일상에서 '단칼에 해치우다' 등의 표현을 사용하는데, 이때 '단칼'은 주로 '단칼에' 등의 꼴로 쓰이며 명사 자체로 쓰이는 것은 제약되는 단어이다. 만일 그럼에도 불구하고 '단칼'로 쓰겠다면, 아마도 '일검' 정도와 유사한 의미를 지닐 것이며, '단 한 번'을 비유적으로 가리키는 용법도 적용될 것이다.

무사들 혹은 킬러들은 '일검필살'의 행위에 지고한 가치까지 불어넣는다. 그들은 표적(상대)을 단번에 쓰러뜨릴 수 있는 집중력을 갖추도록 훈련되고, 또 그렇게 상대를 쓰러뜨리는 일에 희열을 느끼도록 설복된 자들이다. 이러한 용례는 '인생한방' 같은 속어적 변용도 보일 정도이다. 그러니 '일검', 혹은 '한방' 내지는 '단칼' 등에는 어떤 행위의 결정력을 예술적 수준까지 끌어올려 이해하려는 해당 언어 사용자의 욕망이 담겨 있게 마련이다.

뱀은 개구리를 '일검필살'하지 못했다. 그 결과 삼키지도 내뱉지도 못하는 묘한 상황에 놓이고 말았다. 개구리 역시 뱀에게 먹힐 수도 벗어날 수도 없는 속절없는 처지에 놓이고 말았다. 개구리 입장에서는 어쩌면 살아날 수 있는 작은 기회라도 얻을 수 있었기 때문에 다행인지는 모르겠으나, 죽음의 공포 속에서 긴 시간을 떨어야 한다는 압박감과 고통을 외면할 길이 없어진 점도 부인할 수 없는 사실이다.

시인은 이러한 상황을 "눈먼 죽음을 만난 무구한 청개구리와/제 사는 법에 먼저 눈떴어야 할 눈먼 뱀이/약속도 없이 마주친 인연의 길"이라고 묘사했다. 시인은 이러한 만남과 인연의 길 위에서, 자신과 또 다른 사람들의 길과 인연도 보고 있는 듯하다. 시인이라면, 그리고 모름지기 시라면, 그 정도의 통찰력을 갖추고 있어야 한다고 선언한다.

시인은 그 운명의 묘한 긴장감을 '단칼'에 처리하지 못한 '타짜 검객'의 아이러니이자 운명으로 보았다. 사람들은 자신이 처리해야 할 일을 처리해야 할 때, 머뭇거리거나 주저함으로써, 혹은 해당 상황을 분명하게 처리할 수 있는 방법을 몰라서 결국에는 오도 가도 못하는 상황으로 자신을 밀어 넣곤 한다. 어쩌면 인생 전체가 갈팡질팡 그 자체일 수도 있는데, 그것은 단칼로 승부하지 못하는 '우리네—인간들'의 한계 때문일 것이다. 뱀과 개구리는 사실 우리였고, 황지우 식으로 말하면 '너'이자 '나'인 셈이다.

5. 모든 눈송이는 저마다 자기 자리로 내린다

장재원의 시집 중에서 가장 마음에 드는 시구는 "모든 눈송이가 저마다 정확히 자기 자리에 내린다"(「우연 혹은 필연」)였다. 이 시구는 사실 어디에선가 들어본 적이 있는 구절처럼 생각되었고, 인터넷–웹상에서 동일한 구절을 표제로 건 블로그를 발견하기도 했다. 시인 역시 이 구절이 어떤 선사가 한 말이라고 표기하고 있다.

설령 그렇다 하더라도, 누가 한 말인가는 그렇게 중요하지 않을 수 있다. 시가 시가 되기 위해서는 세상에 없는 말(구문)만 아니라, 그 자리에 꼭 요긴한 말이 필요하기 때문이다. 그래서 광고도 시가 될 수 있고, 철학서의 한 구절을 닮은 시도 존재할 수 있기 때문이다. 결국 시가 시로 남기 위해서는 그 단어 혹은 구절 내지는 비유로 상징되는 의미가 적절한 곳에 적절하게 쓰일 수 있어야 한다. 즉 이 구절이 일상의 한 대목에서 시로 기능할 수 있는 가능성이 생겨날 때 비로소 시가 될 수 있다고 할 수 있다.

모든 눈송이에서, '모든'은 내리는 많은 눈송이를 뜻할 것이다. 지붕이 무너질 만큼 내리는 눈의 숫자는 이루 다 헤아릴 수 없다는 표현이 적확할 정도로 어마하게 많다. 그런데도 그 눈송이들이, 계속해서 내리고 있는 눈송이들이, 모두 자기 자리를 가지고 있다는 말은 새삼스럽게 우리를 놀라게

한다(이 뉘앙스 내에는 애초부터 그 자리가 정해져 있다는 잠언도 포함되어 있다).

눈송이의 입장이 아니라 지상의 입장에서 본다면, 이 세상은, 그리고 그 세상 위로 흐르는 시간은, 그토록 많은 눈송이를 끌어안고 받아줄 정도로 포용력이 있다고 해야 한다. 눈이 자기 자리를 찾을 수 있는 것은 결국 그 자리가 되어줄 공간이 하나하나의 눈송이를 외면하지 않기 때문이다.

이 눈송이를 거론하는 시인의 태도를 감안할 때, 시인이 생각하는 시는 결국 외면하지 않는 마음의 표현이 아닐까. 우리는 시인이 사용하는 언어가 일상적이지 않다는 사실을 잘 알고 있다. 하지만 그러한 비일상적 언어를 세상이 외면하지 않을 때, 즉 그 언어가 놓일 수 있는 공간을 허용해 줄 때, 시는 세상의 시가 되어 지상에 남을 수 있다. 우리는 그 시가 지상의 한 공간에서 가치 없는 것으로 녹아내리지 않도록, 적어도 그 자리만큼을 보아주는 아량을 베풀고 있을 때, 이 땅의 눈이 자기 자리를 찾듯 시도 시의 자리를 찾을 수 있을 듯하다.

어쩌면, 위의 구절은 각자 나름대로 정해진 운명과 길에 대한 비유였을지도 모른다. 오규원의 시구대로 어항 속에도 자신들(만)의 길이 있어, 물고기는 물고기의 길이 있고, 수초는 수초의 길이 있듯, 그래서 서로가 남의 자리를 탐하거나 침범하지 않는 것이라고 했다. 중국의 옛 속담에도 우물물과

강물은 서로를 존중해 함부로 넘나들지 않는다고도 했다.

눈송이 하나하나는 모두 이 세상에 살아가는/존재하는 의미를 가진 것들이어야 하고, 이를 위해서는 그 자리 하나하나가 나름의 이유로 점철되어야 한다. 이것이 세상의 원리이고, 타인의 자리이며, 자아의 권리이다. 기묘하게도 그 많은 눈송이라고 할지라도, 서로의 자리와 권리 그리고 영역이 서로 다르기 마련이었다. 이러한 눈송이들의 세상을 확인하는 것이 시였고, 또 지상의 시인이었다.

장재원 시인이 그러한 시의 자리를 넓고 웅숭깊게 만들기를 기대한다. 시의 절약과 압축은 그때 중요한 동력이 되지 않을까 싶다. 모든 것에게, 그에 합당한 자리를 마련하는 일은, 시의 내부에서도 단어들의 쓰임에 보다 온당한 자리와 권리를 부여하는 일로 나타나지 않을까 싶다. 세상의 풍경과 내면의 성찰을 드러내기 위해서라도, 시어와 구절, 의미와 비유가 보다 온전하게 세상에 드러날 수 있는 각자의 자리를 마련하기 위해서라도, 시인의 시는 정갈해질 필요가 있다. 마치 단칼로 세상을 표현하겠다는 시인의 검이 일격필살이 되기 위해서라도 말이다.

이 도서의 국립중앙도서관 출판시도서목록(CIP)은 서지정보유통지원시스템 홈페이지(http://seoji.nl.go.kr)와 국가자료공동목록시스템(http://www.nl.go.kr/kolisnet)에서 이용하실 수 있습니다.(CIP제어번호: CIP2018022068)

문학의전당 시인선 0286

뫼비우스 자서전

초판 1쇄 인쇄 2018년 7월 16일
초판 1쇄 발행 2018년 7월 23일
지은이 장재원
펴낸이 고영
책임편집 서윤후
디자인 헤이존
펴낸곳 문학의전당
출판등록 제2017-000002호
주소 서울시 마포구 마포대로 11길 91, 3층
전화 02-852-1977 팩스 02-852-1978
전자우편 sbpoem@naver.com

ISBN 979-11-5896-377-4 03810

* 이 시집은 2018 충청남도, 충남문화재단의 후원으로 발간되었습니다.